TANJA DUSY

Himmlische ZIMTSCHNECKEN

FOTOGRAFIE: TINA ENGEL

INHALT

Öffnen Sie die Klappen dieses Buches.
Dort finden Sie die wichtigsten Infos zum Thema auf einen Blick!

DAS PRINZIP:
ZIMTSCHNECKE

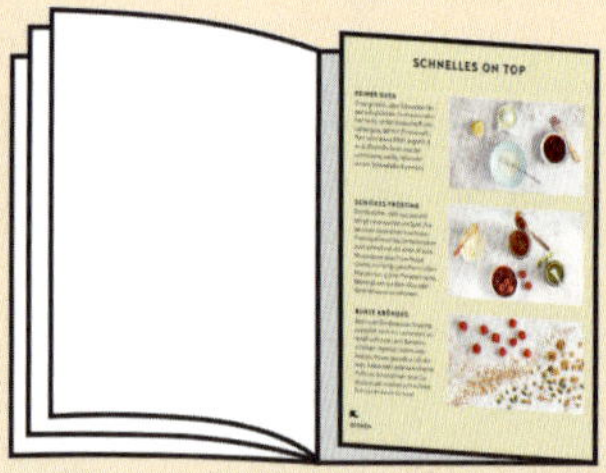

SCHNELLES
ON TOP

Immer griffbereit:

SO GEHT'S:
HEFETEIG

Immer griffbereit:

SO GEHT'S:
SCHNECKEN
FORMEN

GU CLOU

Wussten Sie schon, dass …?
Entdecken Sie bei einigen ausgewählten Rezepten ganz besondere Tipps mit verblüffendem Insiderwissen. Aha-Momente garantiert!

Die Backzeiten können je nach Herd variieren. Unsere Temperaturangaben beziehen sich auf das Backen im Elektroherd mit Ober- und Unterhitze.

REZEPTKAPITEL

TANJA DUSY

Nicht nur in den sozialen Medien sind Cinnamon Rolls der letzte Schrei: Immer mehr Geschäfte bieten in deutschen Städten aufwendig garnierte Zimtschnecken nach amerikanischem Vorbild an. Daneben haben aber auch die klassischen Exemplare aus Holland oder Skandinavien viele Fans. Unsere Autorin ließ sich von dem Hype anstecken.

Was ist das Besondere an Cinnamon Rolls?

Die Zimtschnecken »made in USA« sind wie vieles aus dem Land der unbegrenzten Möglichkeiten »Super Size«: größer, weicher, fluffiger, mit viel Zimt, süßem Frosting und unterschiedlichsten Toppings: Nuss- oder Schokocreme, Fruchtpüree, Cookies, feinen Schokostückchen etc. Das hat nur noch wenig mit den Zimtschnecken zu tun, die wir ursprünglich aus Skandinavien, vor allem aus Schweden, kennen.

Dann mögen Sie's auch »big«?

Ja, ab und an auf jeden Fall! Genauso schätze ich aber die Vielfalt in der Schneckenwelt: Auch andere Länder haben Spezialitäten, die sich sehen, schmecken und vor allem auch neu interpretieren lassen. Als ich mich näher mit dem Thema beschäftigt habe, stellte ich fest, wie vielfältig Zimtschnecken sein können, und dass Zimt zwar meist eine wichtige, aber nicht immer unbedingt die Hauptrolle spielen muss.

Geht es auch ohne Zimt?

Als großer Ingwer- und Zimt-Addict habe ich tatsächlich fast in allen Rezepten Zimt verwendet – wenn auch manchmal nur in Spuren. Das Gewürz hat für mich etwas ganz Besonderes. Allerdings sollte es nicht täglich in riesigen Mengen verzehrt werden: Ceylon-Zimt und vor allem der handelsübliche Cassia-Zimt enthalten Cumarin, das die Leber schädigen kann. Allerdings braucht es dazu größere Mengen, und so viele Zimtschnecken schaffe selbst ich nicht an einem Tag!

HEFESCHNECKEN SUPER-EASY

1 Rolle Hefeteig
(ca. 500 g; Kühlregal)
ausrollen.

100 g Zucker
mit 1 ½ TL Zimt-
pulver mischen.

60 g sehr weiche Butter auf dem
Teig verstreichen und mit Zimt-
zucker bestreuen.

Teig von der Längsseite her eng aufrollen, in ca. 3 cm dicke Scheiben schneiden und diese auf ein mit Backpapier ausgelegtes Blech legen. Im heißen Ofen (Mitte) bei 180° in ca. 20 Min. goldbraun backen.

ECHTE KLASSIKER

Für 8 Stück • 40 Min. Zubereitung + 2 Std. Ruhen + 10 Min. Backen • Pro Stück ca. 395 kcal, 6 g E, 7 g F, 76 g KH

HOLLÄNDISCHE ZIMTSCHNECKEN

FRÜHSTÜCKSTAUGLICH

50 ml Milch
½ Würfel Hefe (ca. 21 g)
1 EL Zucker
350 g Mehl
Salz
1 Ei (M)
50 g sehr weiche Butter
350 g brauner Zucker
2 TL Zimtpulver

1 Milch lauwarm erhitzen, dann mit Hefe und Zucker verrühren, 10–15 Min. stehen lassen. Mehl und knapp ½ TL Salz mischen. 150 ml lauwarmes Wasser und Hefeansatz dazugeben. Alles auf kleiner Stufe 5–6 Min. mit den Knethaken kneten, dabei erst das Ei, dann die Butter unterrühren. Alles weitere 5 Min. auf höchster Stufe zu einem weichen Teig kneten. Teig ca. 1 Std. zugedeckt an einem warmen Ort gehen lassen.

2 Inzwischen Zucker und Zimt in einem tiefen Blech mischen. Den Teig in acht Portionen teilen. Jede Portion in die Zuckermischung geben und darin zu einem ca. 25 cm langen Strang formen, dabei den Zimtzucker eindrücken. Stränge mit Abstand zueinander auf ein mit Backpapier ausgelegtes Blech legen. Mit Frischhaltefolie bedecken und ca. 30 Min. an einem warmen Ort gehen lassen – der Zucker soll »schwitzen«.

3 Jeden Teigstrang zweimal um den leicht gespreizten Mittel- und Zeigefinger wickeln, dann das Teigende zwischen den Fingern von oben nach unten durchführen und unten festdrücken. Schnecken jeweils von den Fingern nehmen und im Zimtzucker leicht flach drücken. Mit Abstand zueinander auf das Blech legen, mit Folie bedecken und ca. 30 Min. gehen lassen.

4 Backofen auf 225° vorheizen. Schnecken im heißen Ofen (unten) ca. 10 Min. backen. Herausnehmen, 1–2 Min. abkühlen lassen. Schnecken mit Backpapier bedecken und mithilfe eines Kuchengitters wenden, sodass die untere, karamellisierte Seite oben liegt. Schnecken vor dem Servieren abkühlen lassen.

GU CLOU

Der Zucker zieht beim Ruhen Feuchtigkeit aus dem Teig, verflüssigt sich (sichtbar auf dem Backpapier rings um die Schnecken) und karamellisiert dann beim Backen. Verwenden Sie hier den leicht klebrigen braunen Zucker, der aus Zucker, Zuckerrohrsirup und Karamellzuckersirup besteht.

CINNAMON ROLLS

EVERYBODY'S DARLING

Für 1 rechteckige Backform (ca. 32 × 24 cm; 12 Stück) • 40 Min. Zubereitung + 2 Std. Ruhen + 10 Min. Backen • Pro Stück ca. 425 kcal, 7 g E, 20 g F, 55 g KH

FÜR TEIG UND FÜLLUNG

175 ml Milch
425 g Mehl (+ Mehl zum Arbeiten)
9 g Trockenhefe
180 g Butter
2 Eier (L)
200 g feiner Zucker
Salz
2 EL Zimtpulver
2 EL Speisestärke
Öl für die Schüssel

FÜR DIE GLASUR

50 g Butter
50 g Frischkäse (Doppelrahmstufe)
100 g Puderzucker
1 EL Zitronensaft

1 Für den Teig in einem Topf 75 ml Milch, 75 ml Wasser und 25 g Mehl unter Rühren erhitzen, bis die Masse andickt (Bild 1). Übriges Mehl (400 g) und Hefe in eine Rührschüssel geben. 80 g Butter schmelzen, mit der flüssigen Mehlmasse, übriger Milch (100 ml) und den Eiern verquirlen und zum Mehl geben. Alles auf kleiner Stufe ca. 20 Min. mit den Knethaken kneten. Den Teig ca. 20 Min. zugedeckt stehen lassen.

2 50 g Zucker und 1 ½ TL Salz dazugeben, dann alles ca. 10 Min. auf mittlerer Stufe kneten – der Teig sollte klebrig, aber nicht breiig sein. Teig in eine mit Öl ausgepinselte Schüssel geben. Mit einem feuchten Tuch zugedeckt an einem warmen Ort ca. 1 Std. gehen lassen (Bild 2).

3 Für die Füllung übrigen Zucker (150 g) mit Zimt und Stärke mischen. Übrige Butter (100 g) schmelzen, abkühlen und wieder fester werden lassen. Mit etwas Butter die Form fetten.

4 Den Teig nach der Ruhezeit auf einer bemehlten Arbeitsfläche zusammenkneten, dann zu einem Rechteck (40 × 45 cm) ausrollen. Teig mit dickflüssiger Butter bepinseln, Zimtzucker aufstreuen und mit der Teigrolle leicht festrollen (Bild 3). Das Teigrechteck von der langen Seite her aufrollen und in zwölf Scheiben schneiden, diese mit der Schnittseite nach oben nebeneinander in die Form legen (Bild 4). Teigstücke mit einem feuchten Tuch zugedeckt ca. 45 Min. an einem warmen Ort gehen lassen. Den Backofen auf 180° vorheizen. Cinnamon Rolls im heißen Ofen (unten) 20–25 Min. backen.

5 Für die Glasur Butter und Frischkäse mit den Rührbesen des Handrührgeräts in ca. 3 Min. cremig rühren (Bild 5). Den Puderzucker portionsweise unterrühren, dann alles ca. 2 Min. cremig aufschlagen, mit Zitronensaft abschmecken. Die noch heißen Cinnamon Rolls damit bestreichen (Bild 6).

Für 12 Stück • 40 Min. Zubereitung + 2 Std. 10 Min. Ruhen + 25 Min. Backen • Pro Stück ca. 240 kcal, 6 g E, 2 g F, 49 g KH

AEBLESNEGLE

APFEL-ZIMT-SCHNECKEN AUS DÄNEMARK

150 ml Milch (+ 3 EL zum Bepinseln)
½ Würfel Hefe (ca. 21 g)
200 g Rohrohrzucker
2 große Äpfel (à ca. 180 g, z. B. Boskop)
1 Eigelb
3 TL Zimtpulver
450 g Mehl (+ Mehl zum Arbeiten)
150 g weiche Butter
1 Ei (M)

GUT ZU WISSEN
Da Äpfel mehr oder weniger viel Saft haben können, die Apfelraspel für den Teig gut ausdrücken und das Mehl nach und nach dazugeben, evtl. wird nicht alles gebraucht!

1 Die Milch lauwarm erhitzen, mit Hefe und 1 TL Zucker verrühren und 10–15 Min. stehen lassen. Inzwischen 1 Apfel waschen, vierteln, Kerngehäuse entfernen. Die Apfelviertel grob raspeln, kurz ziehen lassen, dann gründlich ausdrücken. Apfelraspel mit Eigelb, 45 g Zucker und 2 TL Zimt verrühren. Hefeansatz unterrühren, dann nach und nach das Mehl mit einem Kochlöffel unterrühren, bis sich alles verbunden hat. 40 g Butter in Flöckchen dazugeben und alles mit den Knethaken des Handrührgeräts ca. 10 Min. zu einem glatten Teig verkneten. Teig in einer bemehlten Schüssel zugedeckt an einem warmen Ort 1–1 Std. 30 Min. gehen lassen.

2 Inzwischen übrige Butter (110 g), restlichen Zucker (ca. 150 g) und übrigen Zimt (1 TL) mit den Rührbesen des Handrührgeräts cremig rühren. Den übrigen Apfel waschen und vierteln, Kerngehäuse entfernen, Viertel klein würfeln.

3 Den Teig kurz zusammenkneten und auf einer bemehlten Arbeitsfläche zu einem Rechteck (30 × 40 cm) ausrollen. Mit der Butter-Zucker-Masse bestreichen, Apfelwürfel aufstreuen. Teig von der kurzen Seite her aufrollen und in zwölf Scheiben schneiden. Teigscheiben auf ein mit Backpapier ausgelegtes Blech legen und zugedeckt ca. 40 Min. gehen lassen.

4 Inzwischen den Backofen auf 180° vorheizen. Das Ei mit 3 EL Milch verrühren. Die Schnecken damit bepinseln, dann im heißen Ofen (unten) 20–25 Min. backen. Aeblesnegle herausnehmen und abkühlen lassen.

Für 2 Kuchen (à ca. 6 Stücke) • 50 Min. Zubereitung + 1 Std. 45 Min. Ruhen + 30 Min. Backen • Pro Stück ca. 505 kcal, 8 g E, 25 g F, 62 g KH

KANELSTANG

DÄNISCHER ZIMTKUCHEN-KLASSIKER

FÜR DEN TEIG

225 ml Milch
1 Würfel Hefe (ca. 42 g)
80 g Zucker
600 g Mehl (+ Mehl zum Arbeiten)
Salz
1 Ei (M)
100 g weiche Butter

FÜR DIE FÜLLUNG

75 g Marzipanrohmasse
200 g weiche Butter
100 g brauner Zucker
50 g Zucker
2 EL Zimtpulver
2 EL Speisestärke

ZUM BESTREICHEN

1 Eigelb
2 EL Milch

1 Die Milch lauwarm erhitzen. Hefe zerbröckeln und mit der Hälfte der Milch und 1 TL Zucker verrühren, 10–15 Min. stehen lassen. Übrigen Zucker, Mehl und ½ TL Salz in einer Rührschüssel mischen. Das Ei verquirlen. Übrige Milch, verquirltes Ei und Hefeansatz dazugeben. Alles mit den Knethaken 5–7 Min. auf kleiner Stufe verkneten, dabei die Butter nach und nach in Stückchen dazugeben. Alles weitere 10–15 Min. auf hoher Stufe zu einem glatten Teig verkneten. Teig zugedeckt an einem warmen Ort 45–60 Min. gehen lassen.

2 Inzwischen für die Füllung Marzipan und Butter in Stückchen schneiden. Mit den Rührbesen des Handrührgeräts cremig rühren, dabei nach und nach Zucker, Zimt und Stärke dazugeben.

3 Den Teig auf einer bemehlten Arbeitsfläche zusammenkneten und halbieren. Hälften jeweils zu Rechtecken (30 × 35 cm) ausrollen und mit der Hälfte der Butter-Marzipan-Masse bestreichen, dann die Teigstücke von der Längsseite her aufrollen.

4 Backofen auf 180° vorheizen. Die Rollen mit der »Naht« nach unten mit Abstand zueinander auf ein mit Backpapier ausgelegtes Blech legen. Mit einer großen Schere jede Rolle in 2 cm Abstand von oben bis fast unten einschneiden. Die entstandenen Scheiben jeweils nach rechts, dann nach links im Wechsel gegeneinander verschieben und leicht flach nach hinten legen, zugedeckt nochmals 30 Min. gehen lassen. Eigelb mit Milch verrühren. Die Kuchen damit bestreichen und im heißen Ofen (Mitte) in 25–30 Min. goldbraun backen.

Für 15 Stück • 50 Min. Zubereitung + 3 Std. 15 Min. Ruhen + 30 Min. Backen •
Pro Stück ca. 320 kcal, 5 g E, 15 g F, 42 g KH

ZIMTKNOTEN

AUS SCHWEDEN & NORWEGEN

FÜR DEN TEIG

250 ml Milch (1,5 % Fett)
1 Würfel Hefe (ca. 42 g)
100 g Zucker
550 g Mehl
Salz
100 g weiche Butter

FÜR DIE FÜLLUNG

2 TL Zimtpulver
120 g Zucker
150 g sehr weiche Butter

SO GELING'TS

Die einzelnen Streifen nicht ziehen, sondern besser an beiden Seiten beidhändig fassen und die Mitte mehrmals leicht auf die Arbeitsfläche schlagen. Der Teig wird so durch das eigene Gewicht länger.

1 Milch lauwarm erhitzen. Die Hefe zerbröckeln und mit der Hälfte der Milch und 1 TL Zucker verrühren, 10–15 Min. stehen lassen. Restlichen Zucker, Mehl, 1 TL Salz und Butter in Flöckchen mischen. Hefeansatz und übrige Milch dazugeben. Alles auf kleiner Stufe 4–6 Min. mit den Knethaken kneten, bis sich alles verbunden hat, dann weitere 15–25 Min. auf höchster Stufe weiterkneten, bis ein elastischer, glatter Teig entstanden ist. Den Teig zugedeckt 1–2 Std. gehen lassen.

2 Für die Füllung Zimt und Zucker mischen. Teig auf einer bemehlten Arbeitsfläche zu einem Rechteck (45 × 30 cm) ausrollen. Mit der weichen Butter bestreichen, mit Zimtzucker bestreuen. Das untere Teigdrittel längs nach oben schlagen, das obere Teigdrittel darüberlegen – der Teig ist nun dreilagig. Den Teig erneut zu einem Rechteck (45 × 25 cm) ausrollen und am offenen Rand leicht festdrücken.

3 Den rechteckigen Teig quer in 15 ca. 3 cm breite Streifen schneiden. Jeden Streifen etwas verlängern (s. Tipp), dann zweimal um den leicht gespreizten Mittel- und Zeigefinder wickeln, zuletzt das Teigende direkt zwischen den Fingern von oben nach unten durchführen und unten festdrücken. Die Knoten jeweils von den Fingern abnehmen und mit Abstand zueinander auf ein mit Backpapier ausgelegtes Blech legen. Zugedeckt an einem warmen Ort 45–60 Min. gehen lassen.

4 Backofen auf 220° vorheizen. Die Zimtknoten im heißen Ofen (Mitte) in 10–12 Min. goldbraun backen.

KREATIV AM TEIG GEDREHT

Für 1 rechteckige Backform (ca. 20 × 30 cm; 8 Stück) • 40 Min. Zubereitung + 1 Std. 30 Min. Ruhen + 30 Min. Backen • Pro Stück ca. 685 kcal, 10 g E, 24 g F, 107 g KH

MANDEL-ZIMT-SCHNECKEN

VEGAN & HERRLICH FLUFFIG

FÜR DEN TEIG

400 ml Mandeldrink
¾ Würfel Hefe (ca. 30 g)
50 g Zucker
220 g vegane Margarine zum Backen
ca. 650 g Mehl (+ Mehl zum Arbeiten)
Salz
150 g Rohrohrzucker
2 TL Zimtpulver
100 g gehackte Mandeln

FÜR DEN GUSS

150 g Puderzucker
2 EL Mandeldrink
3 Tropfen Bittermandelaroma

1 Für den Teig Mandeldrink lauwarm erhitzen. Hefe zerbröckeln und mit 1 TL Zucker und 100 ml Mandeldrink verrühren, 10–15 Min. stehen lassen. Inzwischen 100 g Margarine schmelzen, mit übrigem Mandeldrink (300 ml) verrühren und lauwarm abkühlen lassen. 550 g Mehl mit übrigem Zucker und 1 TL Salz in einer Rührschüssel mischen. Margarine-Mandeldrink-Mischung und Hefeansatz dazugeben und mit den Knethaken des Handrührgeräts auf kleiner Stufe zügig verkneten. Zugedeckt an einem warmen Ort ca. 1 Std. gehen lassen.

2 Inzwischen übrige Margarine (120 g) schmelzen und wieder cremig fest werden lassen. Zucker, Zimt und Mandeln mischen.

3 Nach der Ruhezeit den Teig auf eine bemehlte Arbeitsfläche geben und 50 g Mehl unterkneten. Alles durchkneten, dabei, falls nötig, noch mehr Mehl dazugeben, bis der Teig nicht mehr klebt. Den Teig ca. 1 cm dick zu einem Quadrat (40 × 40 cm) ausrollen. Mit der cremigen Margarine bestreichen und mit der Zimtmischung bestreuen. Teig aufrollen und in acht gleich dicke Scheiben schneiden. Die Scheiben mit der Schnittseite nach oben in der Form verteilen. Zugedeckt nochmals ca. 30 Min. an einem warmen Ort gehen lassen.

4 Backofen auf 180° vorheizen. Schnecken im heißen Ofen (Mitte) in 25–30 Min. braun backen. Inzwischen für den Guss Puderzucker mit Mandeldrink und Bittermandelaroma verrühren. Zimtschnecken aus dem Ofen nehmen, noch warm streifenförmig mit dem Guss beträufeln und lauwarm genießen.

Für 1 Tarte- oder Auflaufform (12 Stück) • 1 Std. Zubereitung + 1 Std. 15 Min. Ruhen + 12 Std. Kühlen + 35 Min. Backen • Pro Stück ca. 290 kcal, 5 g E, 9 g F, 48 g KH

KÜRBIS-ZIMT-SCHNECKEN

VEGANES HERBSTVERGNÜGEN

FÜR DEN HEFETEIG

160 ml Mandeldrink
550 g Mehl (+Mehl zum Arbeiten)
Salz
5 g Trockenhefe
60 ml Ahornsirup
100 g Zucker
300 g Kürbispüree (frisch zubereitet oder aus dem Glas)
1 TL Zimtpulver

AUSSERDEM

3 EL Kokosöl
3 EL Kokoscreme
1 ½ TL Zimtpulver
2 TL Zucker
½ TL Pumpkin Pie Spice

1 Für den Hefeteig den Mandeldrink lauwarm erhitzen. 50 g Mehl und ½ TL Salz mischen, eine Mulde eindrücken. Trockenhefe, Ahornsirup, Zucker und lauwarmen Mandeldrink hineingeben. Den Vorteig 10–15 Min. stehen lassen.

2 Das restliche Mehl (500 g), Kürbispüree und Zimt dazugeben und alles ca. 10 Min. zu einem geschmeidigen Teig verkneten. Teig zugedeckt bei Zimmertemperatur ca. 1 Std. gehen lassen, dann über Nacht in den Kühlschrank stellen.

3 Am nächsten Tag den Teig nochmals auf einer bemehlten Arbeitsfläche durchkneten, dann zu einem Rechteck (35 × 40 cm) ausrollen. Für die Füllung 2 EL Kokosöl und 1 EL Kokoscreme verrühren, leicht erhitzen und auf dem Teigrechteck verstreichen. 1 TL Zimt darüberstreuen.

4 Das Teigrechteck von der Längsseite her aufrollen und die Rolle in zwölf Scheiben schneiden. Die Scheiben leicht flach drücken und mit der Schnittseite nach oben in die Form setzen. Den Backofen auf 170° vorheizen.

5 Restliches Kokosöl (1 EL) mit dem Zucker, übrigem Zimt (½ TL) und Pumpkin Pie Spice verrühren. Die Schnecken damit einpinseln und im heißen Ofen (Mitte) 30–35 Min. backen.

6 Inzwischen die restliche Kokoscreme (2 EL) kurz erhitzen. Die fertigen Kürbis-Zimt-Schnecken aus dem Ofen nehmen und noch warm damit beträufeln.

Für 1 Springform (26 cm ∅; 8 Stück) • 1 Std. 15 Min. Zubereitung + 2 Std. Ruhen + 25 Min. Backen • Pro Stück ca. 355 kcal, 10 g E, 11 g F, 56 g KH

MATCHA-SESAM-SCHNECKEN

EIN ECHTER HINGUCKER

125 ml Milch
½ Würfel Hefe (ca. 21 g)
50 g Zucker
350 g Mehl (+ Mehl zum Arbeiten)
2 EL Matchapulver
Salz
80 g Sahne
2 Eigelb (L)
70 g dunkler Sesam
150 g flüssiger Honig
1 ½ TL Zimtpulver
Butter für die Form

EINKAUFSTIPP
Dunkle Sesamsamen bilden einen tollen Kontrast zum grünen Teig. Sie sind am besten in Bioläden zu bekommen. Ansonsten hellen Sesam verwenden.

1 Die Milch lauwarm erwärmen. Die Hefe hineinbröckeln und mit 1 TL Zucker verrühren, 10–15 Min. stehen lassen. Den übrigen Zucker mit Mehl, Matchapulver und ½ TL Salz in einer Rührschüssel mischen. Die Sahne lauwarm erhitzen, in einer kleinen Schüssel mit 1 Eigelb verquirlen und mit dem Hefeansatz zum Mehl geben. Alles mit den Knethaken des Handrührgeräts auf kleiner Stufe 4–6 Min. verkneten, dann auf höchster Stufe in 5–8 Min. zu einem glatten Teig kneten. Teig zugedeckt an einem warmen Ort 1 Std. gehen lassen.

2 Inzwischen den Sesam im Blitzhacker fein zerkleinern und mit Honig und Zimt mischen. Die Springform fetten. Teig auf einer bemehlten Arbeitsfläche kurz zusammenkneten, dann in acht Portionen teilen. Jede Portion zu einem Rechteck (15 × 20 cm) ausrollen, jeweils mit gut 1 EL Sesammasse bestreichen und von der Längsseite her aufrollen.

3 Die Rollen längs mittig so durchschneiden, dass sie an einem Ende gerade noch zusammenhalten. Die beiden Stränge dann mit den Schnittflächen nach oben ineinanderdrehen. Diesen »Zopf« zu einem Ring zusammendrehen, das lose Ende unten in der Mitte festdrücken. Schnecken nebeneinander in die Form legen. Zugedeckt an einem warmen Ort ca. 1 Std. gehen lassen.

4 Den Backofen auf 175° vorheizen. Das übrige Eigelb mit 2 EL Wasser verquirlen. Die Schnecken damit bestreichen und im heißen Ofen (unten) ca. 25 Min. backen. Herausnehmen und noch warm genießen.

Für 16 Stück • 50 Min. Zubereitung + 3 Std. Ruhen + 20 Min. Backen • Pro Stück ca. 300 kcal, 7 g E, 9 g F, 47 g KH

ROTE-BETE-SCHNECKEN

PRETTY IN PINK

FÜR DEN TEIG

50 g Butter
200 ml Rote-Bete-Saft
600 g Mehl (+ Mehl zum Arbeiten)
1 Pck. Trockenhefe (ca. 7 g)
100 g Zucker
Salz
1 Ei (M)
1 Eigelb

FÜR DIE FÜLLUNG

100 ml Milch
75 g Zucker
2 EL Honig
25 g Butter
150 g gemahlener Mohn
2 EL Vanillepuddingpulver
abgeriebene Schale von 1 Bio-Zitrone
75 g brauner Rohrohrzucker
1 ½ TL Zimtpulver

1 Für den Teig Butter schmelzen und leicht abkühlen lassen. Rote-Bete-Saft lauwarm erhitzen. Mehl mit Hefe, Zucker und 1 TL Salz in einer Rührschüssel mischen. Ei und Eigelb leicht verquirlen, mit Rote-Bete-Saft und Butter zum Mehl geben. Alles mit den Knethaken langsam zusammenkneten. Dann den Teig weitere 10–15 Min. auf hoher Stufe verkneten, dabei, falls nötig, noch etwas Mehl unterkneten. Teig zugedeckt an einem warmen Ort 2–2 ½ Std. gehen lassen.

2 Inzwischen für die Füllung die Milch mit Zucker, Honig und Butter erhitzen, bis die Butter geschmolzen ist. Dann Mohn und Vanillepuddingpulver unterrühren. Alles 1–2 Min. bei kleiner Hitze ziehen lassen. Zuletzt die Zitronenschale unterrühren. Die Masse vom Herd nehmen und auskühlen lassen. Inzwischen Rohrohrzucker und Zimtpulver mischen.

3 Den Teig auf einer bemehlten Arbeitsfläche kurz durchkneten, dann zu einem Rechteck (30 × 55 cm) ausrollen. Mit Mohnmasse bestreichen, mit Zimtzucker bestreuen und die Füllung mit dem Teigroller leicht festdrücken. Den Teig von der Längsseite her aufrollen, die »Naht« nach unten legen. Die Rolle in 16 trapezförmige Stücke schneiden. Die Stücke mit etwas Abstand auf ein mit Backpapier ausgelegtes Blech legen und mit einem Kochlöffelstiel her mittig eindrücken – dadurch springen sie auf den Seiten leicht auf, etwa so wie bei Franzbrötchen. Die Schnecken zugedeckt ca. 30 Min. gehen lassen. Inzwischen den Backofen auf 200° vorheizen. Schnecken im heißen Ofen (Mitte) 15–20 Min. backen.

Für 16 Stück • 1 Std. Zubereitung + 2 Std. 30 Min. Ruhen + 20 Min. Backen • Pro Stück ca. 225 kcal, 4 g E, 11 g F, 29 g KH

SAFRANSCHNECKEN

KLASSIKER NEU AUFGEROLLT

250 ml Milch
½ Würfel Hefe (ca. 21 g)
150 g Zucker
0,2 g gemahlener Safran
400 g Mehl (+ Mehl zum Arbeiten)
½ TL gemahlener Kardamom
Salz
180 g weiche Butter
1 ½ TL Zimtpulver
1 Eigelb

GU CLOU

Lussekatter sind ein schwedisches Gebäck mit Safran und typischer S-Form, das es traditionell am 13. Dezember am Luciafest gibt. Hier wird es mit Kanelbullar-Zimtschnecken kombiniert.

1 Milch lauwarm erhitzen. Hefe zerbröckeln und mit 1 TL Zucker und 100 ml Milch verrühren, 10–15 Min. stehen lassen. Übrige Milch (150 ml) stärker erhitzen, Safran unterrühren, dann die Mischung lauwarm abkühlen lassen. Mehl mit 90 g Zucker, Kardamom und 1 TL Salz mischen. Hefeansatz und Safranmilch dazugeben. Alles mit den Knethaken des Handrührgeräts auf kleiner Stufe 5–10 Min. kneten, bis sich alles verbunden hat, dabei nach und nach 100 g Butter unterkneten. Alles weitere 5–10 Min. auf höchster Stufe zu einem elastischen Teig kneten. Teig an einem warmen Ort zugedeckt 1–1 Std. 30 Min gehen lassen.

2 Die übrige Butter (80 g) schmelzen. Übrigen Zucker (ca. 55 g) und Zimt unterrühren und wieder cremig fest werden lassen.

3 Den Teig auf einer bemehlten Arbeitsfläche kurz durchkneten, zu einem Rechteck (32 × 50 cm) ausrollen und mit Butter-Zimt-Masse bestreichen. Von der schmalen Seite her zu einem Rechteck (32 × 25 cm) zusammenfalten. Dann den Teig von der schmalen Seite her in 16 ca. 2 cm dicke und ca. 25 cm lange Streifen schneiden. Die Teigstreifen mit der Schnittseite nach oben halten und von beiden Enden her in entgegengesetzte Richtung einrollen, sodass jeweils ein S-förmiges Gebäck mit zwei Schnecken entsteht. Doppelschnecken auf ein mit Backpapier ausgelegtes Blech legen und zugedeckt ca. 45 Min. gehen lassen.

4 Den Backofen auf 180° vorheizen. Eigelb mit 2–3 EL Wasser verrühren. Die Schnecken damit bestreichen, dann im heißen Ofen (Mitte) in 15–20 Min. goldbraun backen.

Für 1 rechteckige Springform (ca. 32 × 24 cm; 12 Stück) • 50 Min. Zubereitung + 2 Std. 45 Min. Ruhen + 25 Min. Backen • Pro Stück ca. 320 kcal, 6 g E, 11 g F, 49 g KH

ORANGEN-ZIMT-SCHNECKEN

SONNIG-SÜSS

½ Würfel Hefe (ca. 21 g)
120 g Zucker
3 Bio-Orangen
450 g Mehl (+ Mehl zum Arbeiten)
Salz
1 Ei (L)
85 g weiche Butter (+ Butter für die Form)
3 EL Orangenmarmelade
2 TL Zimtpulver
80 g Frischkäse (Doppelrahmstufe)
70 g Puderzucker
120 g griechischer Joghurt (10 % Fett)

1 Hefe, 1 TL Zucker und 100 ml Wasser verrühren, ca. 15 Min. zugedeckt stehen lassen. Orangen heiß waschen und abtrocknen, Schale abreiben, Saft auspressen. Die Hälfte der Orangenschale mit Mehl, ½ TL Salz und 50 g Zucker mischen. Das Ei verquirlen und mit 25 g Butter in Flöckchen, 120 ml Orangensaft und dem Hefeansatz dazugeben. Alles mit den Knethaken zunächst 5–6 Min. auf kleiner Stufe verkneten, dann 5–6 Min. auf höchster Stufe, bis ein elastischer Teig entstanden ist. Falls nötig, mehr Mehl einarbeiten. Teig an einem warmen Ort zugedeckt 1–2 Std. ruhen und sich verdoppeln lassen.

2 Inzwischen die übrige Butter (60 g) schmelzen, mit Orangenmarmelade verrühren und wieder cremig fest werden lassen. Übrigen Zucker (ca. 65 g) mit Zimt und übriger Orangenschale mischen. Die Form mit Butter fetten.

3 Teig auf einer bemehlten Arbeitsfläche kurz zusammenkneten, dann zu einem Rechteck (30 × 40 cm) ausrollen. Mit Buttermischung bestreichen und mit der Zimtmischung bestreuen. Teig von der Längsseite her aufrollen und in zwölf Scheiben schneiden. Die Scheiben mit der Schnittseite nach oben in die Form legen und ca. 30 Min. zugedeckt gehen lassen.

4 Den Backofen auf 180° vorheizen. Schnecken im heißen Ofen (unten) in 20–25 Min. hellbraun backen. Herausnehmen und ca. 15 Min. abkühlen lassen. Inzwischen den Frischkäse mit den Schneebesen aufschlagen, erst Puderzucker, dann Joghurt unterrühren. Warme Schnecken damit bestreichen.

GENIAL GEFÜLLT & FEIN GETOPPT

Für 1 Springform (26 cm ∅; 10 Stück) • 50 Min. Zubereitung + 1 Std. 15 Min. Ruhen + 30 Min. Backen • Pro Stück ca. 455 kcal, 9 g E, 15 g F, 50 g KH

COOKIES AND CREAM CINNAMON ROLLS

VANILLESCHNECKEN MAL OHNE ROSINEN

FÜR DEN TEIG

230 ml Milch
¾ Würfel Hefe (ca. 30 g)
50 g Zucker
60 g Butter (+ Butter für die Form)
500 g Mehl (+ Mehl zum Arbeiten)
Salz
1 Ei (M)

FÜR DIE FÜLLUNG

1 Pck. Vanillepuddingpulver
200 ml Milch
200 g Sahne
2 EL Zucker
180 g Biscoff-Kekse (Karamellgebäck)
1 TL Zimtpulver

ZUM BESTREICHEN

1 Eigelb
2 EL Milch

1 Die Milch lauwarm erhitzen. Hefe mit 1 EL Zucker und der Hälfte der Milch verrühren, 10–15 Min. stehen lassen. Inzwischen Butter zerlassen und leicht abkühlen lassen. Das Mehl mit 2 Prisen Salz und restlichem Zucker in der Rührschüssel mischen. Hefeansatz, übrige lauwarme Milch, Ei und lauwarme Butter zur Mehlmischung geben. Auf kleiner Stufe mit den Knethaken des Handrührgeräts 4–5 Min. verkneten, bis sich alles verbunden hat. Dann auf höchster Stufe in 5–10 Min. zu einem glatten, elastischen Teig verkneten. Teig zugedeckt an einem warmen Ort 45–60 Min. gehen lassen, bis er sich verdoppelt hat.

2 Inzwischen aus Puddingpulver, Milch, Sahne und Zucker nach Packungsanleitung einen Pudding kochen und abkühlen lassen, dabei Frischhaltefolie direkt auf den warmen Pudding legen, damit sich keine Haut bildet. Die Kekse im Blitzhacker grob zerbröseln oder in einem Gefrierbeutel mit einer Teigrolle zerdrücken und mit Zimt mischen. Die Form mit Butter fetten.

3 Den Teig nach der Ruhezeit auf einer bemehlten Arbeitsfläche durchkneten, dann zu einem Rechteck (45 × 30 cm) ausrollen. Teig mit Pudding bestreichen, mit Keksbröseln bestreuen und von der Längsseite her aufrollen. Die Rolle in zehn Scheiben schneiden. Die Scheiben mit der Schnittfläche nach oben in der Form verteilen und zugedeckt ca. 15 Min. gehen lassen.

4 Den Backofen auf 180° vorheizen. Eigelb mit Milch verrühren, die Schnecken damit bepinseln, dann im heißen Ofen (unten) in 25–30 Min. goldbraun backen.

Für 12 Stück • 50 Min. Zubereitung + 2 Std. 30 Min. Ruhen + 20 Min. Backen •
Pro Stück ca. 300 kcal, 7 g E, 10 g F, 43 g KH

QUARK-HIMBEER-SCHNECKEN

FRUCHTIG-FRISCH

FÜR DEN TEIG

75 g Butter
240 ml Milch
½ Würfel Hefe (ca. 21 g)
50 g Zucker
500 g Mehl (+ Mehl zum Arbeiten)
Salz
2 Eier (M)

FÜR DIE FÜLLUNG

25 g Butter
250 g Magerquark
1 Eigelb
70 g Puderzucker
1 EL Vanillepuddingpulver
200 g Himbeeren

1 Die Butter schmelzen und lauwarm abkühlen lassen. Inzwischen die Milch lauwarm erhitzen, die Hefe hineinbröckeln und mit 1 EL Zucker verrühren, 10–15 Min. stehen lassen.

2 Übrigen Zucker (ca. 40 g) mit Mehl und ½ TL Salz in einer Rührschüssel mischen. Eier verquirlen, mit Butter und Hefeansatz dazugeben. Alles auf kleiner Stufe mit den Knethaken des Handrührgeräts 4–6 Min. kneten, bis sich alles verbunden hat, dann weitere 6–7 Min. auf hoher Stufe zu einem glatten, elastischen Teig verkneten. Teig in eine mit Mehl ausgestäubte Schüssel legen und zugedeckt an einem warmen Ort 1–1 ½ Std. gehen lassen, bis sich der Teig verdoppelt hat.

3 Inzwischen für die Füllung die Butter schmelzen und leicht abkühlen lassen, dann mit Quark, Eigelb, Puderzucker und Puddingpulver glatt verrühren. Die Himbeeren vorsichtig waschen, trocken tupfen und evtl. halbieren.

4 Den Teig auf einer leicht bemehlten Arbeitsfläche kurz zusammenkneten, dann zu einem Quadrat (40 × 40 cm) ausrollen. Die Quark-Eigelb-Creme gleichmäßig darauf verstreichen, die Himbeeren aufstreuen. Den Teig aufrollen und mit der »Naht« nach unten auf die Arbeitsfläche legen. Die Rolle in zwölf Scheiben schneiden. Scheiben auf ein mit Backpapier ausgelegtes Blech legen und 30–45 Min. gehen lassen.

5 Den Backofen auf 180° vorheizen. Die Schnecken im heißen Ofen (unten) ca. 20 Min. backen.

Für 12 Stück • 20 Min. Zubereitung + 20 Min. Backen • Pro Stück ca. 290 kcal, 5 g E, 16 g F, 33 g KH

WALNUSS-HONIG-SCHNECKEN

GRIECHISCH INSPIRIERT

100 g Butter • 75 g Honig • 120 g Walnusskerne • 1 Bio-Orange • 75 g brauner Rohrohrzucker • 1 TL Zimtpulver • 1 TL gemahlener Anis • 1 Rolle Hefeteig (ca. 500 g; Kühlregal)

1 Butter schmelzen und Honig unterrühren. Masse 15–20 Min. abkühlen lassen, sodass sie cremig ist. Inzwischen Walnüsse grob hacken. Orange waschen und abtrocknen. Schale fein abreiben, mit Zucker, Zimt und Anis mischen.

2 Fertigteig auslegen und mit der Honigbutter bestreichen. Zuckermischung gleichmäßig aufstreuen, darauf die Walnüsse streuen. Leicht mit dem Teigroller festrollen. Teig von der Längsseite aufrollen und in zwölf Scheiben schneiden, diese auf ein mit Backpapier ausgelegtes Blech geben. Inzwischen den Backofen auf 180° vorheizen. Die Schnecken im heißen Ofen (Mitte) in ca. 20 Min. goldbraun backen.

Für 12 Stück • 20 Min. Zubereitung + 20 Min. Backen • Pro Stück ca. 200 kcal, 4 g E, 8 g F, 29 g KH

HEIDELBEER-SCHNECKEN

FRUCHTIG-CREMIG

1 Rolle Hefeteig (ca. 500 g; Kühlregal) • 200 g Frischkäse (Doppelrahmstufe) • 1 EL weiche Butter • 50 g Zucker • 1 TL Vanilleextrakt • 1 EL Vanillepuddingpulver • 3 EL brauner Zucker • 1 TL Zimtpulver • 150 g Heidelbeeren

1 Fertigteig auslegen. Frischkäse und Butter mit den Rührbesen des Handrührgeräts cremig rühren, nach und nach Zucker, zuletzt Vanilleextrakt und Puddingpulver unterrühren. Creme gleichmäßig auf dem Teig verteilen.

2 Zucker und Zimt verrühren. Heidelbeeren waschen, vorsichtig trocken tupfen und auf der Creme verteilen, alles mit Zimtzucker bestreuen. Teig von der Längsseite aufrollen, in zwölf Scheiben schneiden und diese auf ein mit Backpapier ausgelegtes Blech geben. Inzwischen den Backofen auf 180° vorheizen. Schnecken im heißen Ofen (Mitte) in ca. 20 Min. goldbraun backen.

Für 12 Stück • 20 Min. Zubereitung + 20 Min. Backen • Pro Stück ca. 270 kcal, 4 g E, 12 g F, 37 g KH

AMARETTI-APRIKOSEN-SCHNECKEN

AUS DEM VORRAT

1 Rolle Hefeteig (ca. 500 g; Kühlregal) • 1 Dose Aprikosen (leicht gezuckert; ca. 240 g Abtropfgewicht) • 120 g Amaretti (ital. Mandelmakronen) • 100 g weiche Butter • 100 g Puderzucker • Salz • 1 ½ TL Zimtpulver • 3 Tropfen Bittermandelaroma

1 Fertigteig auslegen. Aprikosen abtropfen lassen, würfeln. Amaretti im Blitzhacker grob zerbröseln oder in einem Gefrierbeutel mit einer Teigrolle zerdrücken. Butter cremig rühren, dabei nach und nach Puderzucker, 1 Prise Salz, Zimt und Mandelaroma dazugeben.

2 Teig mit Butter bestreichen. Erst die Amaretti, dann die Aprikosen darauf verteilen. Teig von der Längsseite her aufrollen, in zwölf Scheiben schneiden, diese auf ein mit Backpapier ausgelegtes Blech geben. Inzwischen Backofen auf 180° vorheizen. Schnecken im heißen Ofen (Mitte) in ca. 20 Min. goldbraun backen.

Für 12 Stück • 20 Min. Zubereitung + 20 Min. Backen • Pro Stück ca. 235 kcal, 5 g E, 8 g F, 37 g KH

DATTEL-NUSS-SCHNECKEN

EIN HAUCH ORIENT

200 g getrocknete Datteln • 1 EL Honig • ½ TL Zimtpulver • 3 Msp. gemahlene Nelken • 100 g gemahlene Haselnusskerne • 2 EL Rosenblütenwasser (nach Belieben) • 2 Eiweiß • 50 g Zucker • 1 Rolle Hefeteig (ca. 500 g; Kühlregal)

1 Datteln halbieren, entkernen und fein hacken. Mit Honig, Gewürzen, Nüssen und nach Belieben Rosenblütenwasser mischen. Eiweiße mit den Rührbesen des Handrührgeräts nicht zu steif schlagen, dabei den Zucker nach und nach dazugeben. Gründlich unter die Dattelmasse heben.

2 Fertigteig auslegen, Dattelmasse gleichmäßig darauf verteilen. Teig von der Längsseite aufrollen, in zwölf Scheiben schneiden, diese auf ein mit Backpapier ausgelegtes Blech geben. Inzwischen den Backofen auf 180° vorheizen. Die Schnecken im heißen Ofen (Mitte) in ca. 20 Min. goldbraun backen.

Für 1 rechteckige Backform (32 × 24 cm; 12 Stück) • 1 Std. Zubereitung + 1 Std. 45 Min. Ruhen + 30 Min. Backen • Pro Stück ca. 625 kcal, 8 g E, 37 g F, 65 g KH

STICKY PECAN CINNAMON ROLLS

EINE SÜNDE WERT

FÜR DEN TEIG

240 ml Milch
500 g Mehl (+ Mehl zum Arbeiten)
1 ½ Pck. Trockenhefe (ca. 11 g)
Salz
50 g Zucker
75 g Butter

FÜR DAS TOPPING

250 g Pekannusskerne
180 g brauner Rohrohrzucker
80 g Ahornsirup
150 g sehr weiche Butter
50 ml Milch
Salz

FÜR DIE FÜLLUNG

75 g Butter
100 g brauner Rohrohrzucker
2 TL Zimt

1 Milch lauwarm erhitzen. Mehl mit Hefe, 1 TL Salz und Zucker in der Rührschüssel mischen. Milch dazugeben und auf kleiner Stufe mit den Knethaken 4–5 Min. verkneten, bis sich alles verbunden hat, dabei Butter stückchenweise dazugeben. Dann auf höchster Stufe in 5–10 Min. zu einem glatten Teig verkneten. Zugedeckt an einem warmen Ort ca. 1 Std. 15 Min. gehen lassen.

2 Inzwischen die Form mit Backpapier auslegen. Für das Topping die Pekannüsse in einer Pfanne ohne Fett rösten, bis sie leicht bräunen, dann in der Form auf dem Backpapier verteilen. Rohrohrzucker, Ahornsirup, Butter, Milch und ½ TL Salz in einem Topf unter Rühren schmelzen und über die Nüsse gießen. Abkühlen lassen und 15–30 Min. kühl stellen. Währenddessen für die Füllung die Butter schmelzen und wieder cremig fest werden lassen. Zucker mit Zimt mischen.

3 Nach der Ruhezeit Teig auf einer bemehlten Arbeitsfläche kurz durchkneten, dann zu einem Rechteck (35 × 40 cm) ausrollen. Mit Buttermischung bestreichen, mit Zimtzucker bestreuen. Teig von der kurzen Seite her aufrollen, in zwölf Scheiben schneiden und diese mit der Schnittseite nach oben in die Form auf das Topping legen. Ca. 30 Min. zugedeckt gehen lassen.

4 Backofen auf 175° vorheizen. Schnecken im heißen Ofen (unten) in 25–30 Min. hellbraun backen. Herausnehmen und 5–10 Min. abkühlen lassen, dann auf eine Platte stürzen, Backpapier abziehen und lauwarm abkühlen lassen.

Für 12 Zimtschnecken • 15 Min. Zubereitung • Pro Portion ca. 205 kcal, 3 g E, 14 g F, 15 g KH

PEANUTBUTTER-BANANA-TOPPING

AMERICAN STYLE

50 g weiche Butter • 250 g Frischkäse (Doppelrahmstufe) • 70 g Erdnussmus • 70 g Puderzucker • ½ TL Kakaopulver • Salz • 2 Bananen • 1 EL Zitronensaft • 80 g Zartbitterschokolade

1 Die Butter in Stückchen schneiden und mit den Rührbesen des Handrührgeräts cremig rühren. Erst den Frischkäse, dann das Erdnussmus gründlich unterrühren. Puderzucker, Kakaopulver und 2 Prisen Salz dazugeben. Alles auf kleiner Stufe verrühren, dann auf höchster Stufe zu einer fluffigen Masse aufschlagen.

2 Die Bananen schälen und in Scheiben schneiden, sofort mit dem Zitronensaft mischen. Schokolade grob hacken. Die Erdnusscreme auf den gebackenen Zimtschnecken verteilen, mit Bananenscheiben und Schokolade bestreuen.

Für 12 Zimtschnecken • 15 Min. Zubereitung • Pro Portion ca. 150 kcal, 2 g E, 10 g F, 14 g KH

KARAMELL-NUSS-TOPPING

SÜSS & CRUNCHY

150 g Zucker • 50 g Butter • 80 g Sahne • Salz • 100 g Nussmischung

1 Zucker in einer Pfanne bei mittlerer Hitze ohne Rühren hellbraun schmelzen. Bräunt er sehr schnell, die Hitze reduzieren. Butter und Sahne dazugeben. Achtung, es kann sich ein Karamellklumpen bilden! Dann einfach köcheln lassen, bis er sich aufgelöst hat, ansonsten den Karamell 2–3 Min. köcheln lassen. 1 Prise Salz unterrühren, abkühlen lassen.

2 Inzwischen Nüsse in einer Pfanne ohne Fett rösten, bis sie bräunen und duften. Herausnehmen, abkühlen lassen und grob hacken. Die Karamellsauce über die gebackenen Zimtschnecken träufeln und mit den Nüssen bestreuen. Wer will, kann zunächst auch etwas Frischkäsefrosting oder Joghurt auf die Schnecken geben und dann die Sauce darüberträufeln.

*Für 12 Zimtschnecken • 15 Min. Zubereitung •
Pro Portion ca. 210 kcal, 2 g E, 15 g F, 16 g KH*

BLACK-AND-WHITE-TOPPING

FÜR KEKSFANS

150 g weiße Schokolade • 12 Oreo-Kekse • 200 g Frischkäse (Doppelrahmstufe) • 75 g weiche Butter • 2 Spritzer Zitronensaft

1 Schokolade in Stücke brechen und in einer Schüssel über dem heißen Wasserbad schmelzen, danach leicht abkühlen lassen. Die Kekse voneinander lösen, die helle Creme innen herauskratzen. Die dunklen Kekse im Blitzhacker grob zerbröseln oder in einem Gefrierbeutel mit einer Teigrolle zerdrücken.

2 Frischkäse in einer Rührschüssel mit den Rührbesen des Handrührgerät kurz aufschlagen, dann die flüssige Schokolade unterrühren. Butter in kleinen Stückchen und auch die Kekscreme nach und nach dazugeben und ebenfalls unterrühren. Die Frischkäsemischung mit Zitronensaft abschmecken, auf den gebackenen Zimtschnecken verteilen und mit den Keksbröseln bestreuen.

*Für 12 Zimtschnecken • 10 Min. Zubereitung •
Pro Portion ca. 150 kcal, 2 g E, 11 g F, 9 g KH*

TIRAMISU-TOPPING

ITALIENISCHE VERSUCHUNG

30 ml abgekühlter starker Espresso • 1 EL Amarettolikör (ersatzweise 3 Tropfen Bittermandelaroma) • 200 g Mascarpone • 50 g Puderzucker • 100 g Sahne • ½ Tütchen Sahnefestiger • 70 g Amaretti • Kakaopulver zum Bestäuben

1 Espresso, Amaretto und Mascarpone in einer Rührschüssel mit den Rührbesen des Handrührgeräts glatt verrühren, dann den Puderzucker unterrühren. Die Sahne steif schlagen, dabei gegen Ende den Sahnefestiger dazugeben und unterrühren. Die Sahne vorsichtig unter die Mascarponecreme mischen.

2 Amaretti im Blitzhacker grob zerbröseln oder in einem Gefrierbeutel mit einer Teigrolle grob zerdrücken. Jeweils 1 Klecks Mascarponecreme auf eine Zimtschnecke geben, mit Kakaopulver bestäuben und mit Amarettibröseln bestreuen.

Für 15 Stück • 40 Min. Zubereitung + 15 Min. Abkühlen + 15 Min. Backen • Pro Stück ca. 395 kcal, 7 g E, 24 g F, 36 g KH

NUSS-HONIG-SCHNECKEN

FIX GEMACHT

200 g Magerquark
5 EL Milch
120 ml Öl zum Backen und Braten
3 Eier (M)
175 g Zucker
Salz
400 g Mehl (+ Mehl zum Arbeiten)
3 gestrichene TL Backpulver
120 g Sahne
3 EL Honig
200 g gemahlene Haselnusskerne
100 g gehackte Haselnusskerne
1 ½ TL Zimtpulver

1 Für den Teig Quark, Milch, Öl, 2 Eier, 75 g Zucker und 1 Prise Salz in einer Rührschüssel mit dem Schneebesen verrühren. Mehl und Backpulver mischen und dazugeben. Erst alles mit einem Holzlöffel verrühren, dann von Hand zügig zu einem glatten Teig kneten. Teig bis zum Ausrollen abdecken.

2 100 g Sahne in einen Topf geben, Honig darin bei kleiner Hitze auflösen, übrigen Zucker (100 g), gemahlene und gehackte Haselnüsse sowie das Zimtpulver unterrühren. Die Masse vom Herd nehmen und abkühlen lassen. Inzwischen das übrige Ei trennen. Das Eigelb beiseitestellen. Das Eiweiß mit 1 Prise Salz steif schlagen und mit der Haselnussmasse mischen.

3 Den Backofen auf 200° vorheizen. Den Quark-Öl-Teig auf einer bemehlten Arbeitsfläche zu einem Rechteck (40 × 45 cm) ausrollen und gleichmäßig mit der Nuss-Honig-Masse bestreichen, dann von der Längsseite her aufrollen. Die Rolle in zwölf Scheiben schneiden. Die Scheiben mit der Schnittseite nach oben auf ein mit Backpapier ausgelegtes Blech legen.

4 Das beiseitegestellte Eigelb und die übrige Sahne (20 g) verrühren. Die Schnecken damit bepinseln und im heißen Ofen (Mitte) ca. 15 Min. backen.

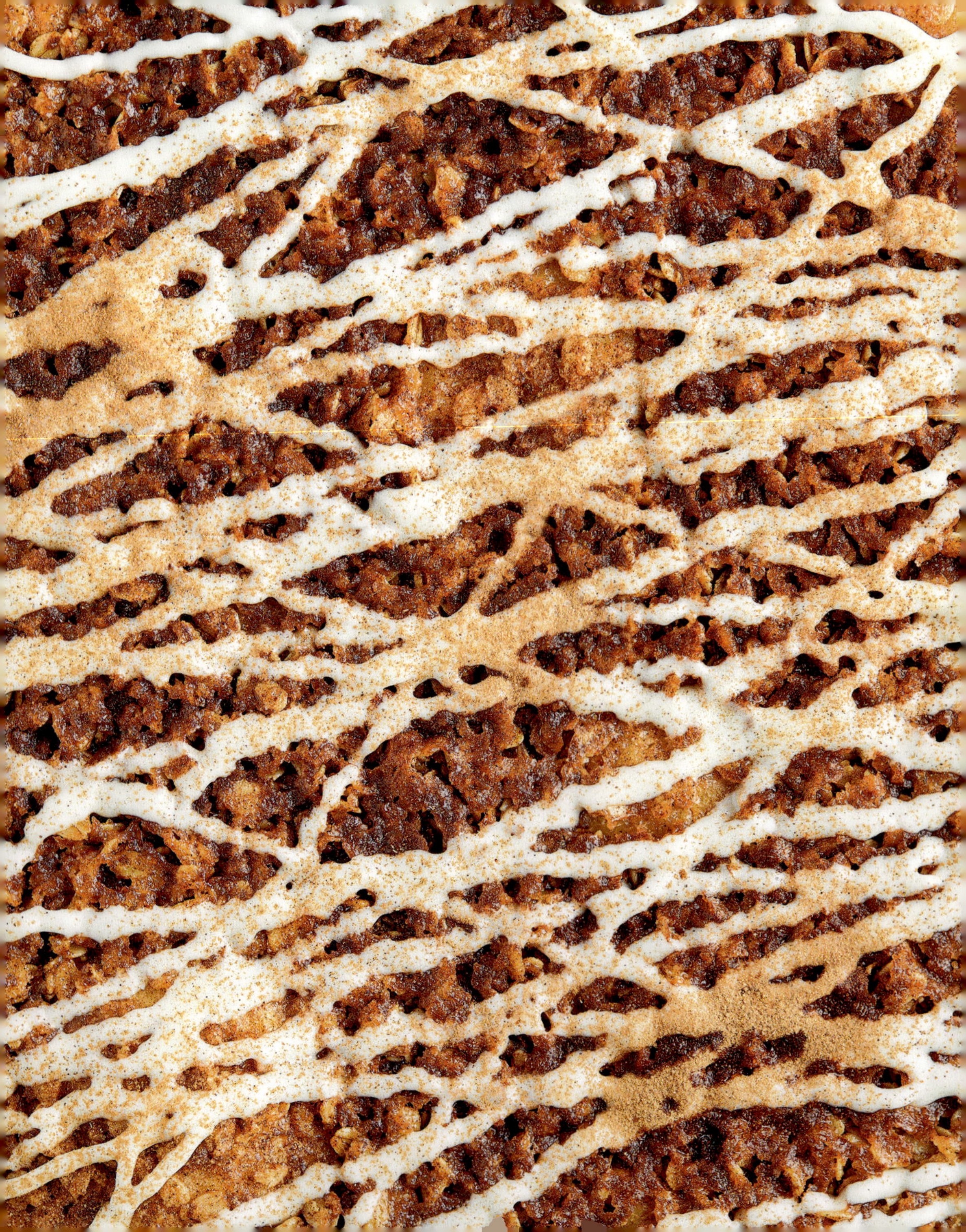

NEU IN FORM GEBRACHT

Für 1 Kastenform (30 cm; 15 Stücke) • 1 Std. 15 Min. Zubereitung + 5 Std. 40 Min. Ruhen + 45 Min. Backen • Pro Stück ca. 340 kcal, 7 g E, 19 g F, 37 g KH

ZIMT-SCHOKO-BABKA

FEIN IN FORM

FÜR DEN TEIG

100 ml Milch
¾ Würfel Hefe (ca. 30 g)
100 g Zucker
400 g Mehl (+ Mehl zum Arbeiten)
Salz
2 Eier (M)
2 Eigelb
80 g sehr weiche Butter

FÜR DIE FÜLLUNG

200 g schnittfester Nussnugat
50 g Butter (+ Butter für die Form)
1 TL Zimtpulver
50 g Schokotröpfchen
80 g gehackte Haselnusskerne

1 Milch lauwarm erhitzen, dann mit Hefe und 1 TL Zucker verrühren, 10–15 Min. stehen lassen. Mehl, ½ TL Salz und übrigen Zucker mischen. Eier und Eigelbe in einer Rührschüssel mit den Rührbesen des Handrührgeräts cremig weiß rühren. Erst die Mehlmischung, dann den Hefeansatz dazugeben. Alles mit den die Knethaken ca. 5 Min. auf kleiner Stufe verkneten, weitere 5–8 Min. auf höchster Stufe. Die Mischung zugedeckt ca. 10 Min. stehen lassen. Dann die Butter stückchenweise unterkneten und den Teig weitere 10 Min. kneten. Teig zugedeckt 2–3 Std. an einem warmen Ort gehen lassen.

2 Für die Füllung Nussnugat, Butter und Zimt über dem heißen Wasserbad schmelzen und leicht abkühlen lassen. Teig kurz durchkneten, zugedeckt weitere 15 Min. gehen lassen.

3 Die Form mit Butter fetten. Teig auf einer bemehlten Arbeitsfläche zu einem Rechteck (30 × 40 cm) ausrollen. Mit Nugatcreme bestreichen, mit Schokotröpfchen und Haselnüssen bestreuen. Teigrechteck von der kurzen Seite her aufrollen, Rolle längs halbieren. Die Hälften mit der Schnittseite nach oben ineinander verschlingen. Auf Formlänge zurechtdrücken, dann in die Form legen. Zugedeckt 1 ½–2 Std. gehen lassen.

4 Backofen auf 180° vorheizen. Babka im heißen Ofen (unten) in 15–20 Min. goldbraun backen. Hitze auf 160° reduzieren und weitere 20–25 Min. backen, falls nötig, Babka mit Pergamentpapier bedecken. Herausnehmen, auf einem Kuchengitter abkühlen lassen, dann aus der Form stürzen.

Für 1 Pizza (30 cm ∅; 8 Stücke) • 25 Min. Zubereitung + 45 Min. Abkühlen + 25 Min. Backen • Pro Stück ca. 420 kcal, 5 g E, 23 g F, 49 g KH

ZIMTSCHNECKEN-PIZZA

HEISSER DESSERTTIPP

170 g weiche Butter
100 g brauner Rohrohrzucker
2 EL Zimtpulver
60 g Haferflocken
200 g Mehl (+ Mehl zum Arbeiten)
Salz
½ TL Backpulver
250 g griechischer Joghurt (10 % Fett)
60 g Frischkäse (Doppelrahmstufe)
80 g Puderzucker
1 TL Limettensaft
Zimtpulver zum Bestreuen

1 120 g Butter schmelzen und 30–45 Min. abkühlen lassen, bis sie wieder fester, aber noch cremig ist. Dann Rohrohrzucker, Zimt und Haferflocken unterrühren.

2 Mehl mit 1 Prise Salz und Backpulver mischen, Joghurt dazugeben. Alles erst mit einem Kochlöffel verrühren, dann mit den Händen zu einem glatten Teig verkneten. Backofen auf 180° vorheizen. Teig auf einer bemehlten Arbeitsfläche zu einem Kreis (30 cm ∅) ausrollen, auf ein mit Backpapier ausgelegtes Blech legen und mit der Butter-Flocken-Mischung bestreichen, dabei ca. 2 cm Rand frei lassen. Teig im heißen Ofen (Mitte) in 20–25 Min. braun backen.

3 Inzwischen übrige Butter (50 g) cremig rühren. Erst Frischkäse, dann Puderzucker unterrühren. Creme mit Limettensaft abschmecken. In einen kleinen Spritzbeutel füllen und in Streifen auf die fertige Pizza auftragen. Pizza mit Zimt bestreut warm genießen.

Für 4 Stück • 30 Min. Zubereitung + 1 Std. 20 Min. Ruhen + 15 Min. Backen •
Pro Flammkuchen ca. 510 kcal, 9 g E, 18 g F, 78 g KH

FLAMMKUCHEN

SCHMECKT WARM UND KALT

100 ml Milch
250 g Mehl (+ Mehl zum Arbeiten)
½ Pck. Trockenhefe (ca. 4 g)
Salz
120 g Zucker
2 EL Olivenöl
100 g Crème fraîche
70 g saure Sahne
1 TL Zimtpulver

1 Milch lauwarm erhitzen. Mehl mit Hefe, 1 Prise Salz und 1 TL Zucker in einer Rührschüssel mischen. Öl mit 3 EL Wasser verquirlen. Milch zum Mehl geben. Alles erst mit den Knethaken auf kleiner Stufe 3–5 Min. verkneten, dabei nach und nach die Wasser-Öl-Mischung dazugeben. Dann alles auf hoher Stufe weitere 5–7 Min. verkneten. Teig zugedeckt an einem warmen Ort ca. 1 Std. gehen lassen.

2 Inzwischen Crème fraîche und saure Sahne glatt verrühren. Übrigen Zucker und Zimt mischen. Den Teig in vier Stücke teilen und diese jeweils auf einer bemehlten Arbeitsfläche zu länglichen Fladen formen. Teigfladen nebeneinander auf ein mit Backpapier ausgelegtes Blech legen und nochmals zugedeckt 20 Min. gehen lassen.

3 Backofen auf 200° vorheizen. Die Teigfladen mit der Creme bestreichen und mit Zimtzucker bestreuen. Im heißen Ofen (Mitte) ca. 15 Min. backen. Herausnehmen. Warm oder abgekühlt genießen.

Für 1 Kastenform (30 cm; 15 Portionen) • 40 Min. Zubereitung + 1 Std. 45 Min. Ruhen + 30 Min. Backen • Pro Portion ca. 180 kcal, 4 g E, 5 g F, 29 g KH

CINNAMON-ROLL-ZUPFBROT

FRÜHSTÜCKSTAUGLICH

¾ Würfel Hefe (ca. 30 g)
50 g Zucker (+ Zucker für die Form)
75 g weiche Butter (+ Butter für die Form)
500 g Mehl (+ Mehl zum Arbeiten)
Salz
180 ml Milch
2 TL Zimtpulver

AUSSERDEM

runder Ausstecher oder Glas (ca. 9 cm ∅)

GU CLOU

Der Teig enthält wenig Zucker und erinnert daher eher an Toastbrot – passt also auch perfekt zum Frühstück. Die feine Süße bringt dann der Zucker in der Form, der beim Backen zwischen dem Teig schön karamellisiert.

1 Hefe zerbröckeln und mit 1 TL Zucker und 100 ml lauwarmem Wasser verrühren, den Vorteig 10–15 Min. stehen lassen. Inzwischen 50 g Butter in Stückchen mit dem Mehl und ½ TL Salz in einer Rührschüssel mischen. Die Milch lauwarm erhitzen und mit dem Hefeansatz dazugeben. Alles mit den Knethaken des Handrührgeräts auf kleiner Stufe 4–5 Min. verkneten, bis sich alles verbunden hat, dann auf höchster Stufe in 6–8 Min. zu einem glatten Teig verkneten. Den Teig zugedeckt in einer Schüssel an einem warmen Ort 45–60 Min. gehen lassen, bis er sich fast verdoppelt hat.

2 Die Form mit Butter fetten und gründlich mit Zucker ausstreuen. Die restliche Butter (25 g) zerlassen und mit dem übrigen Zucker (ca. 45 g) und dem Zimtpulver verrühren.

3 Den Teig auf einer bemehlten Arbeitsfläche kurz durchkneten und ca. 1,5 cm dick ausrollen. Mit einem Ausstecher oder Glas Kreise ausstechen, diese flacher drücken und dünn mit der Buttermischung bepinseln, dann zu Halbkreisen zusammenklappen. Halbkreise dicht nebeneinander mit der runden Seite nach oben und der geraden Seite nach unten – am besten immer in kleinen Stapeln – in die Form setzen. Zugedeckt an einem warmen Ort ca. 30 Min. gehen lassen.

4 Den Backofen auf 200° vorheizen. Das Zupfbrot im heißen Ofen (Mitte) in ca. 30 Min. goldbraun backen. Herausnehmen, auf einem Kuchengitter leicht auskühlen lassen, dann stürzen und vollständig auskühlen lassen.

*Für 1 Gugelhupfform (8 Stücke) • 15 Min. Zubereitung + 45 Min. Backen •
Pro Stück ca. 730 kcal, 2 g E, 28 g F, 40 g KH*

MONKEY BREAD

KLEBRIG LECKER

180 g Butter (+ Butter für die Form)
200 g brauner Rohrohrzucker
100 g Walnusskerne
3 Packungen Knack & Back Buttermilchbrötchen (à 300 g; Kühlregal)
100 g Zucker
1 ½ TL Zimtpulver

1 Den Backofen auf 175° vorheizen. Die Form mit Butter fetten. Die 180 g Butter schmelzen. Rohrohrzucker unterrühren, bis er sich gelöst hat. Walnüsse grob hacken. Den Teig aus der Packung nehmen. Die einzelnen Teigstücke vierteln. Zucker und Zimt mischen und in einen tiefen Teller geben. Brötchenteigstücke darin wenden, sodass sie rundum mit Zimtzucker überzogen sind. Teigstücke in die Form geben, dabei immer etwas von den gehackten Walnüssen dazugeben. Butter-Zucker-Mischung darübergießen.

2 Alles im heißen Ofen (Mitte) 30–45 Min. backen. Herausnehmen und ca. 5 Min. abkühlen lassen, dabei das Monkey Bread am Rand und am Kamintrichter mit einem Messer oder Silikonteigschaber lösen, anschließend auf eine Kuchenplatte stürzen. Sollten Karamell- oder Teigstückchen in der Form haften geblieben sein, diese sofort herausnehmen und in den Kuchen drücken. Monkey Bread warm servieren, z. B. mit kalter Vanillesauce.

Für 1 Auflaufform (4 Portionen) • 15 Min. Zubereitung + 30 Min. Backen •
Pro Portion ca. 760 kcal, 4 g E, 21 g F, 32 g KH

ZIMTSCHNECKEN-AUFLAUF

MIT BANANEN

2 große Bananen
1 EL Zitronensaft
2 Packungen Knack & Back Zimtschnecken (à 240 g)
100 g Sahne
1 Pck. Bourbon-Vanillezucker
175 g Frischkäse (Doppelrahmstufe)
50 g Puderzucker
2 EL Rum (nach Belieben)
Butter für die Form

1 Den Backofen auf 175° vorheizen, eine Auflaufform mit Butter fetten. Die Bananen schälen und längs halbieren, dann in ca. 1 cm große Stücke schneiden und sofort mit dem Zitronensaft mischen. Den Fertigteig aus der Packung nehmen und nach Packungsanweisung zu Zimtschnecken verarbeiten. Die gebackenen Zimtschnecken anschließend sechsteln oder achteln.

2 Die Sahne in einem kleinen Topf leicht erhitzen, den Vanillezucker dazugeben und unter Rühren auflösen. Den Frischkäse einrühren und bei kleinster Hitze schmelzen. Sahnemischung vom Herd nehmen, Puderzucker und nach Wunsch auch Rum unterrühren.

3 Die Mischung kurz abkühlen lassen, dann Bananen- und Zimtschneckenstücke unterheben und alles in die Auflaufform geben. Im heißen Ofen (Mitte) in 25–30 Min. goldbraun backen. Herausnehmen und warm servieren. Dazu passt Vanilleeis und/oder Karamellsauce.

Für 12 Stück • 1 Std. 10 Min. Zubereitung +1 Std. 45 Min. Ruhen + 25 Min. Backen •
Pro Stück ca. 300 kcal, 4 g E, 9 g F, 45 g KH

ZIMTSCHNECKEN-MUFFINS

SÜSSE MINITÖRTCHEN

FÜR DEN TEIG
150 ml Milch
ca. ⅓ Würfel Hefe (ca. 15 g)
50 g Zucker
300 g Mehl (+ Mehl zum Arbeiten)
Salz
50 g weiche Butter
1 Ei (M)
1 Eigelb

FÜR DIE FÜLLUNG UND DIE MUFFINSFORM
40 g Butter (+ Butter für die Form)
100 g Zucker
¾ TL Zimtpulver
80 g Rosinen (nach Belieben in Rum eingelegt)

FÜR DEN GUSS
100 g Puderzucker
3 EL Rum (ersatzweise 1 EL Zitronensaft und 2 EL Wasser)

AUSSERDEM
12er-Muffinform

1 Für den Teig die Milch lauwarm erhitzen. Hefe in ein Schälchen zerbröckeln, mit 1 TL Zucker und 100 ml Milch verrühren, ca. 15 Min. stehen lassen. Dann Mehl mit übrigem Zucker (ca. 45 g), 1 Prise Salz und der Butter in Stückchen in einer Schüssel mischen. Eine Mulde in die Mitte drücken. Ei, Eigelb, Hefeansatz und übrige Milch (50 ml) hineingeben. Alles sofort mit den Knethaken des Handrührgeräts auf kleiner Stufe verkneten, dann 6–8 Min. auf höchster Stufe. Teig in einer bemehlten Schüssel zugedeckt ca. 1 Std. gehen lassen.

2 Teig auf einer bemehlten Arbeitsfläche durchkneten, dann zu einem Rechteck (30 × 40 cm) ausrollen und zugedeckt ca. 10 Min. gehen lassen. Für die Füllung die Butter schmelzen. Zucker und Zimt mischen. Die Mulden der Muffinform mit Butter fetten, mit etwas Zimtzucker ausstreuen. Den Teig mit flüssiger Butter bestreichen, mit übrigem Zimtzucker und Rosinen bestreuen und quer halbieren, sodass zwei ca. 30 × 20 cm große Stücke entstehen. Stücke jeweils längs in sechs ca. 20 cm lange Streifen schneiden, diese von der schmalen Seite her aufrollen. Je eine Schnecke in jede Mulden setzen und leicht hineindrücken. Zugedeckt noch ca. 20 Min. gehen lassen.

3 Backofen auf 180° vorheizen. Die Muffins im heißen Ofen (unten) 20–25 Min. backen, dabei mit Backpapier bedecken, falls sie zu stark bräunen. Muffins herausnehmen und kurz abkühlen lassen, dann aus den Mulden lösen. Für den Guss den Puderzucker mit Rum verrühren und die warmen Schnecken-Muffins damit bestreichen. Lauwarm oder abgekühlt servieren.

Für 12 Stück • 20 Min. Zubereitung + 15 Min. Backen • Pro Stück ca. 190 kcal, 6 g E, 8 g F, 23 g KH

FRENCH CINNAMON ROLLS

SÜSSER IMBISS

50 g Butter
4 EL brauner Zucker
2 ½ TL Zimtpulver
12 Scheiben Sandwich-Toast
4 Eier (M)
3 EL Milch
1 Pck. Bourbon-Vanillezucker
Butterschmalz zum Braten
Ahornsirup zum Beträufeln (nach Belieben)

1 Die Butter schmelzen. Den braunen Zucker und 2 TL Zimt unterrühren, bis sich der Zucker aufgelöst hat.

2 Die Toastscheiben mit einem Teigroller flach rollen, die braunen Ränder dünn wegschneiden. Auf das untere Drittel der Scheiben die Zimtbutter geben und verstreichen, dann die Scheiben nach oben aufrollen und so festdrücken, dass sie als Rollen halten.

3 Eier in einer weiten Schüssel mit Milch, übrigem Zimt (½ TL) und Vanillezucker verquirlen. In einer beschichteten Pfanne 1–2 EL Butterschmalz schmelzen. Die Toastrollen in die Eiermilch tauchen und darin wenden, sodass sie ringsum schön überzogen sind, dann abtropfen lassen. Die Rollen im heißen Butterschmalz bei mittlerer Hitze rundum goldbraun backen. Herausnehmen und auf Tellern anrichten. Die Cinnamon Rolls nach Wunsch mit Ahornsirup beträufeln und warm genießen.

Für 25 Stück • 40 Min. Zubereitung + 2 Std. Kühlen + 15 Min. Backen • Pro Stück ca. 105 kcal, 1 g E, 5 g F, 13 g KH

CINNAMON-ROLL-COOKIES

KNUSPERSCHNECKEN

250 g Mehl (+ Mehl zum Arbeiten)
Salz
150 g kalte Butter
80 g saure Sahne
120 g Zucker
1 EL Zimtpulver
¼ TL gemahlener Kardamom

1 Das Mehl mit 1 Prise Salz mischen. Butter in Flöckchen dazugeben und mit einem Messer leicht unterhacken. Saure Sahne dazugeben und alles krümelig hacken, dann mit den Händen rasch und ohne Druck zusammenkneten. Teig zu einer Kugel formen, in Frischhaltefolie wickeln und ca. 1 Std. kühl stellen.

2 Zucker, Zimt und Kardamom mischen. Teig auf einer bemehlten Arbeitsfläche zu einem Rechteck (30 × 40 cm) ausrollen. Gewürzzucker daraufstreuen. Den Teig von der breiten Seite her fest aufrollen, in Frischhaltefolie wickeln und erneut ca. 1 Std. kühl stellen.

3 Backofen auf 200° vorheizen. Teigrolle mit einem scharfen Messer in 7–8 mm dicke Scheiben schneiden und diese auf ein mit Backpapier ausgelegtes Blech legen, dabei die Schnecken schön rund formen und die Enden festdrücken. Im Ofen (Mitte) ca. 15 Min. backen. Erst auf dem Blech, dann auf einem Kuchengitter auskühlen lassen.

REGISTER

Abkürzungsverzeichnis:
E = Eiweiß
EL = Esslöffel (gestrichen)
F = Fett
kcal = Kilokalorien
KH = Kohlenhydrate
Msp. = Messerspitze
Pck. = Päckchen
TK = Tiefkühl
TL = Teelöffel (gestrichen)
Ø = Durchmesser

LIEBE LESERINNEN UND LESER,

wir wollen Ihnen mit diesem Buch Informationen und Anregungen geben, um Ihnen das Leben zu erleichtern oder Sie zu inspirieren, Neues auszuprobieren. Wir achten bei der Erstellung unserer Bücher auf Aktualität und stellen höchste Ansprüche an Inhalt und Gestaltung. Alle Anleitungen und Rezepte werden von unseren Autoren, jeweils Experten auf ihren Gebieten, gewissenhaft erstellt und von unseren Redakteur*innen mit größter Sorgfalt ausgewählt und geprüft.

Haben wir Ihre Erwartungen erfüllt? Sind Sie mit diesem Buch und seinen Inhalten zufrieden? Wir freuen uns auf Ihre Rückmeldung. Und wir freuen uns, wenn Sie diesen Titel weiterempfehlen, in Ihrem Freundeskreis oder bei Ihrem Online-Kauf.

Sollten wir Ihre Erwartungen so gar nicht erfüllt haben, tauschen wir Ihnen Ihr Buch jederzeit gegen ein gleichwertiges zum gleichen oder ähnlichen Thema um.

KONTAKT ZUM LESERSERVICE

GRÄFE UND UNZER VERLAG
Grillparzerstraße 12
81675 München
www.gu.de

IMPRESSUM

Postfach 860366, 81630 München

GU ist eine eingetragene Marke der GRÄFE UND UNZER VERLAG GmbH, www.gu.de

ISBN 978-3-8338-9500-5
3. Auflage 2024

Projektleitung: Kateryna Kulakova
Lektorat: Susanne Bodensteiner
Korrektorat: Susanne Schneider
Gesamtgestaltung: independent Media-Design, München
Umschlaggestaltung: ki36 Editorial Design, Sabine Krohberger, München
Herstellung: Renate Hutt
Satz: Eberl & Koesel Studio GmbH
Reproduktion: Medienprinzen GmbH, München
Druck + Bindung: Firmengruppe APPL, aprinta druck, Wemding
Printed in Germany

Bildnachweis:
Cover: StockFood Studios/Meike Bergmann; S. 4: privat; S. 22: StockFood Studios/Julia Hoersch; S. 57: Eising Studios/Food Photo & Video; S. 59: Anke Schütz; S. 64: Mathias Neubauer; alle anderen: StockFood Studios/Tina Engel

Umwelthinweis:
Nachhaltigkeit ist uns sehr wichtig. Der Rohstoff Papier ist in der Buchproduktion hierfür von entscheidender Bedeutung. Daher ist dieses Buch auf PEFC-zertifiziertem Papier gedruckt. PEFC garantiert, dass ökologische, soziale und ökonomische Aspekte in der Verarbeitungskette unabhängig überwacht werden und lückenlos nachvollziehbar sind.

Bildagentur Image Professionals GmbH, Tumblingerstr. 32, 80337 München
www.imageprofessionals.com

Die GU-Homepage finden Sie unter www.gu.de

GRÄFE UND UNZER
Ein Unternehmen der
GANSKE VERLAGSGRUPPE

APPETIT AUF MEHR?

ISBN 978-3-8338-8472-6

ISBN 978-3-8338-8605-8

ISBN 978-3-8338-8171-8

ISBN 978-3-8338-6621-0

ISBN 978-3-8338-6762-0

ISBN 978-3-8338-8339-2

e Alle hier vorgestellten Bücher sind auch als eBook erhältlich.

GU

Mehr von GU auf **www.gu.de** und **facebook.com/gu.verlag**

Die Autorin

Tanja Dusy

ist freie Foodjournalistin, orientiert sich bei ihrer Arbeit am Puls der Zeit und ist ein echter Profi beim Thema Ernährungstrends. Ihre Rezepte überzeugen seit vielen Jahren durch Kreativität und absolute Verlässlichkeit. Ihre zahlreichen Bücher haben sich insgesamt fast zwei Millionen Mal verkauft.

Die Fotos

Tina Engel

ist über das Foodstyling zur Fotografie gekommen. In ihrem Studio setzt sie mit Liebe zum Detail und oft im minimalistischen Stil unterschiedliche Food-Themen für ihre Kunden um. Styling und Fotografie kommen dabei aus einer Hand. Sie lebt mit ihrem Mann und ihren drei Kindern im Herzen von München.